Impressum
Verlag: BABADADA GmbH, Nedderfeld 112 , 22529 Hamburg
Geschäftsführer / Verlagsleitung: Harald Hof
Druck: Books on Demand GmbH, In de Tarpen 42, 22848 Norderstedt

Imprint
Publisher: BABADADA GmbH, Nedderfeld 112 , 22529 Hamburg, Germany
Managing Director / Publishing direction: Harald Hof
Print: Books on Demand GmbH, In de Tarpen 42, 22848 Norderstedt, Germany

ysgol
ليكول

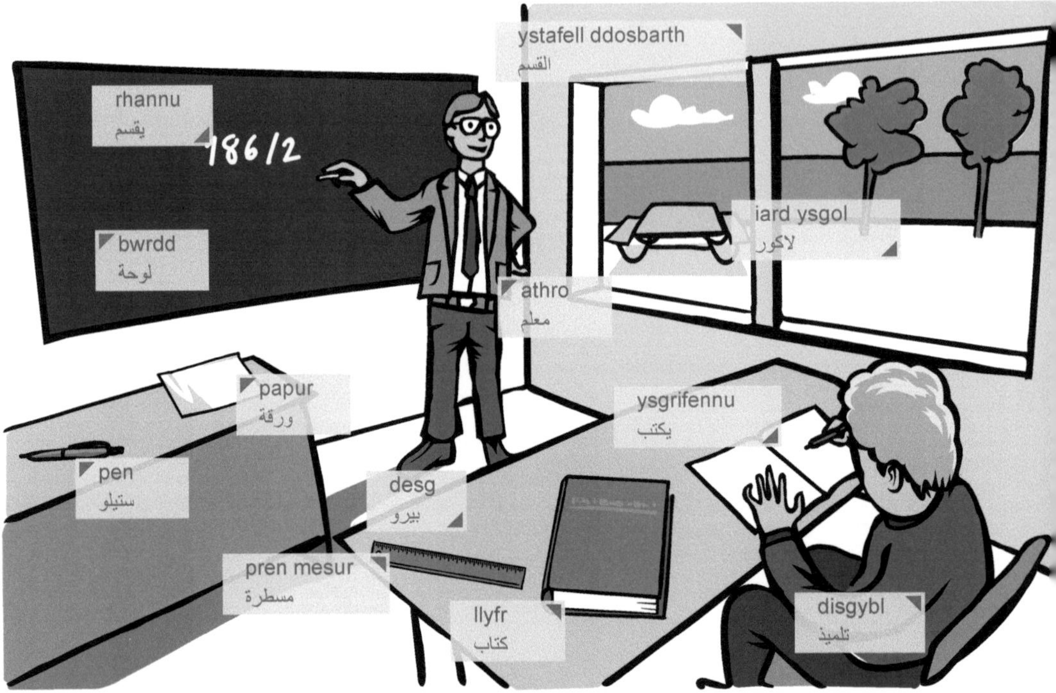
ystafell ddosbarth
القسم
rhannu
يقسم
186/2
bwrdd
لوحة
iard ysgol
لاكور
athro
معلم
papur
ورقة
ysgrifennu
يكتب
pen
ستيلو
desg
بيرو
pren mesur
مسطرة
llyfr
كتاب
disgybl
تلميذ

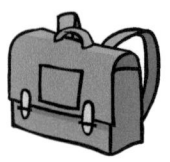

bag ysgol

كرطاب

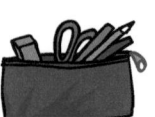

blwch penseli

المقلمة

pensil

قلم الرصاص

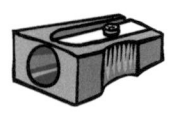

peth rhoi min ar bensil

منجارة

rwber

ممحا

pad arlunio

الكايي تاع الرسم

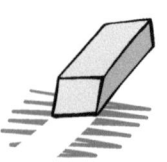

llun

الرسم

brws paent

البانسو

blwch paent

باتير

siswrn

مقص

glud

كولا

llyfr ysgrifennu

كايي تاع التمارين

gwaith cartref

الواجبات

rhif

النيميرو

ychwanegu

يجمع

tynnu

يطرح

lluosi

يضرب

cyfrifo

يحسب

llythyren

الحرف

gwyddor

الحروف

gair

كلمة

testun

النص

darllen

يقرأ

sialc

طباشير

gwers

الدرس

cofrestr

دفتر المدرسي

arholiad

ليقزاما

tystysgrif

سرتفيكا

gwisg ysgol

اللبة تاع ليكول

addysg

التعليم

gwyddoniadur

ليكسيك

prifysgol

الجاميعة

microsgop

المجهر

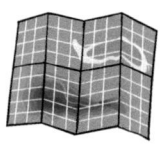

map

الخريطة

basged papur gwastraff

بوبال

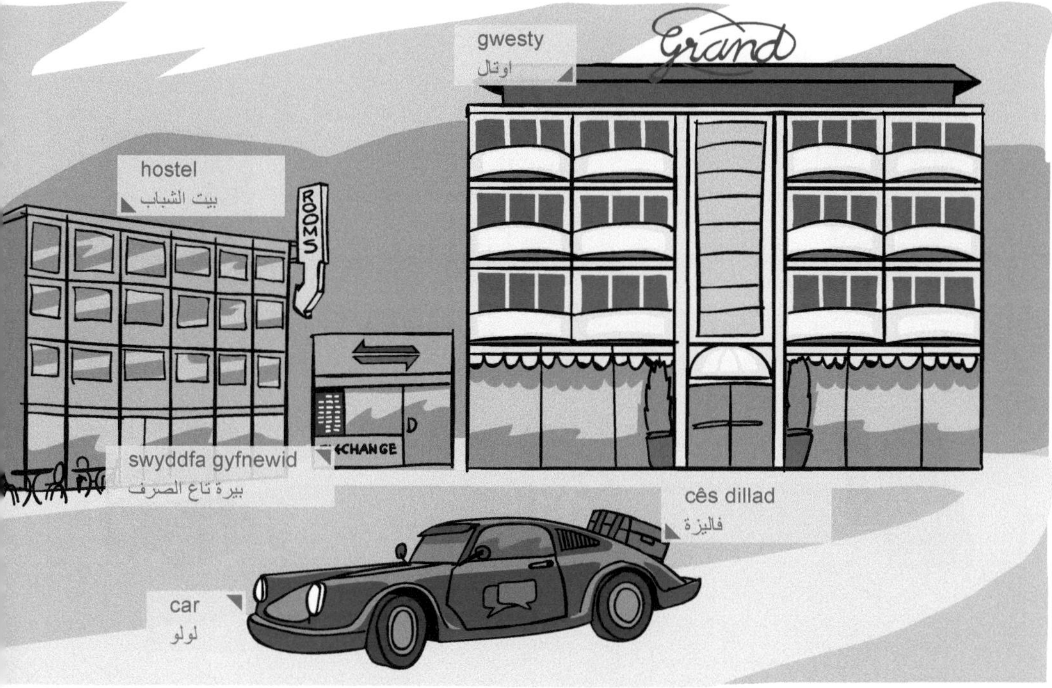

gwesty
اوتال
Grand
hostel
بيت الشباب
ROOMS
EXCHANGE
swyddfa gyfnewid
بيرة تاع الصرف
cês dillad
فاليزة
car
لولو

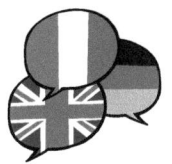

iaith

اللغة ليقصدها

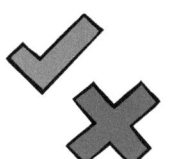

ie / na

واه / لا

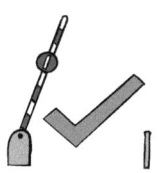

iawn

صحا

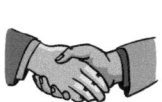

helo

مرحبا

cyfieithydd

طرجمان

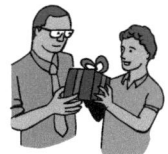

Diolch yn fawr

صحيت

faint yw ...?

شعال السومة؟

Dw i ddim yn deall

مفهمتش

problem

مشكيلة

Noswaith dda!

مسلخير

Bore da!

صباح لخير

Nos da!

تصبح بخير

hwyl

بسلامة

cyfarwyddyd

ديركسيو

bagiau

الباقاج

bag

ساك

gwarbac

ساكادو

gwestai

ضيف

ystafell

ثمبرا

sach gysgu

ساك تاع رقاد

pabell

خيمة

gwybodaeth i ymwelwyr

استعلامات سياحية

traeth

بحر

cerdyn credyd

كارطة ناع الكريدي

brecwast

فطور الصباح

cinio

الفطور

swper

العشا

tocyn

البيي

lifft

اسونسير

stamp

تامبر

ffin

الحدود

tollau

الديوانة

llysgenhadaeth

سقارة

fisa

فيزا

pasbort

باسبور

cludiant
نقل

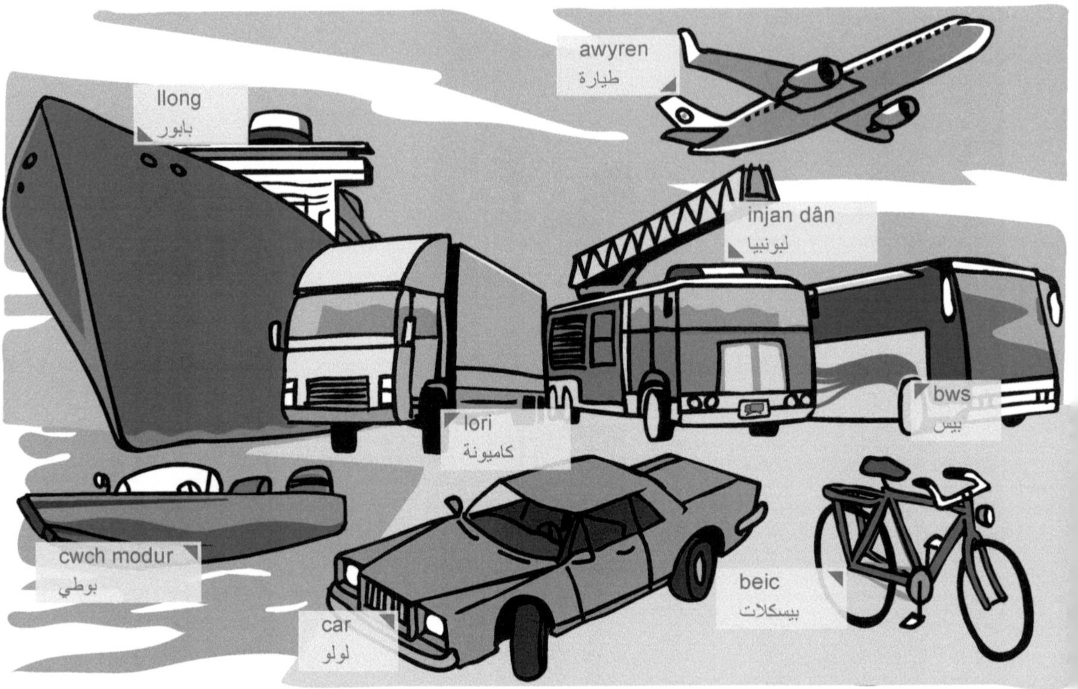

awyren
طيارة
llong
بابور
injan dân
لبونبيا
lori
كاميونة
bws
بيس
cwch modur
بوطي
beic
بيسكلات
car
لولو

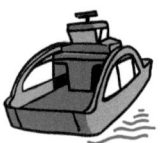

fferi
....
بابو

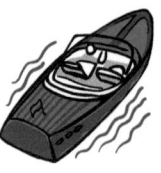

cwch
....
بوطي

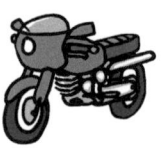

beic modur
....
موطو

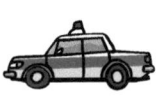

car yr heddlu
....
لوطو تاع لابوليس

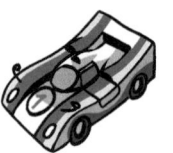

car rasio
....
لوطو تاع السيباق

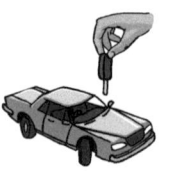

car wedi'i rentu
....
لوطو تاع كرية

rhannu car

لواطا تاع كرية

lori tynnu

رومورك

lori ysbwriel

كاميو تاع الزبل

modur

موتور

tanwydd

ليسونس

gorsaf betrol

ستاسيون

arwydd traffig

بانو

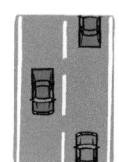

traffig

ترافيك

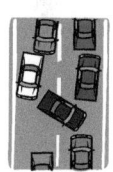

tagfa draffig

سركالة

maes parcio

باركينغ

gorsaf drennau

لاقار

traciau

السبيكة

trên

قطار

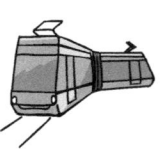

tram

ترام

wagen

فاغون

hofrennydd

هليكبتار

maes awyr

مطار

twr

تور

teithiwr

مسافر

cynhwysydd

كونتنار

paced

كرطونة

cert

شاريو

basged

سلة

esgyn / glanio

يقلع / يهود

dinas

مان

pentref

قرية

canol y ddinas

البلاد

ty

دار

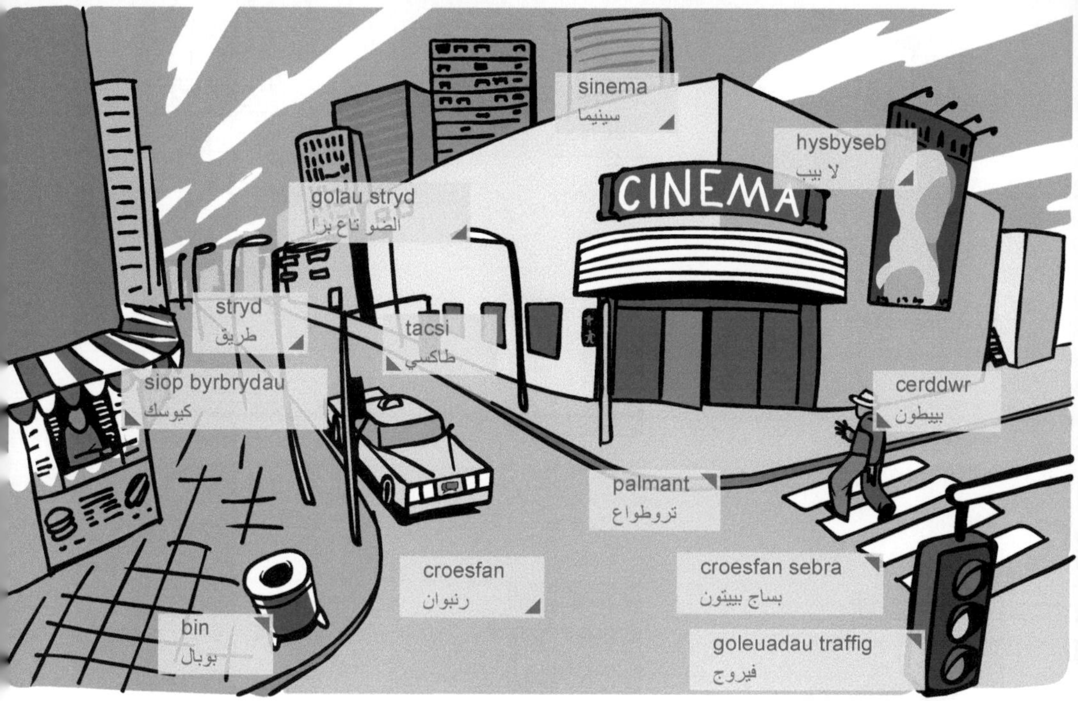

sinema
سينما

hysbyseb
لا ييب

golau stryd
الضوء ناع برا

CINEMA

stryd
طريق

tacsi
طاكسي

siop byrbrydau
كيوسك

cerddwr
بييطون

palmant
تروطواع

croesfan
رنبوان

croesfan sebra
بساج بييتون

goleuadau traffig
فيروج

bin
بوبال

cwt
كوخ

fflat
برطمان

gorsaf drennau
لاقار

neuadd y dref
لاميري

amgueddfa
متحف

ysgol
ليكول

prifysgol

الجامعة

banc

بانكة

ysbyty

سبيطار

gwesty

اوتال

fferyllfa

فارماسي

swyddfa

بيرو

siop lyfrau

مكتبة

siop

حانوت

siop flodau

فلوريست

archfarchnad

سوبرات

farchnad

مرشي

siop adrannol

حانوت كبير

siop bysgod

مسمكة

canolfan siopa

سونتر كومرسيال

harbwr

المينا

parc

بارك

banc

بنك

pont

جسر

grisiau

درج

rheilffordd danddaearol

مترو

twnnel

تونال

safle bws

لاري تاع البيس

bar

بار

bwyty

مطعم

blwch post

صندوق البريد

arwydd stryd

البانوات

mesurydd parcio

مقياس زمن الوقوف

sŵ

حديقة حيوانات

pwll nofio

بيسين

mosg

جامع

fferm

فيرما

llygredd

التلوث

mynwent

مقبرة

eglwys

قليزية

maes chwarae

بارك

teml

معبد

tirwedd

الريف

deilen
ورقة

arwydd cyfeirio
بانو

ffordd
طريق

dôl
مرج

carreg
حجرة

coeden
شجرة

heiciwr
رحالة

afon
نهر

glaswellt
خشيش

blodyn
زهرة

cwm

واد

bryn

جبل

llyn

بحيرة

coedwig

غابة

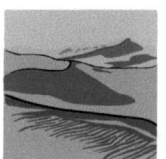

anialwch

صحرا

llosgfynydd

بركان

castell

شاطو

enfys

قوس قزح

madarchen

فطر

palmwydden

نخلة

mosgito

ناموسة

pryf

ذبابة

morgrugyn

نملة

gwenyn

نحلة

pryf copyn

رتيلة

chwilen

خنفوس

llyffant

جرانة

gwiwer

سنجاب

draenog

قنفود

ysgyfarnog

قنينة

tylluan

بومة

aderyn

زاوش

alarch

بجعة

baedd

حلوف

carw

عزالة

elc

إلكة

argae

سد

tyrbin gwynt

الطاحونة

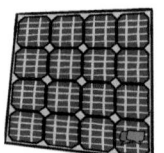

panel haul

خلية شمسية

hinsawdd

كليما

bwyty
مطعم

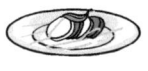

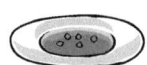

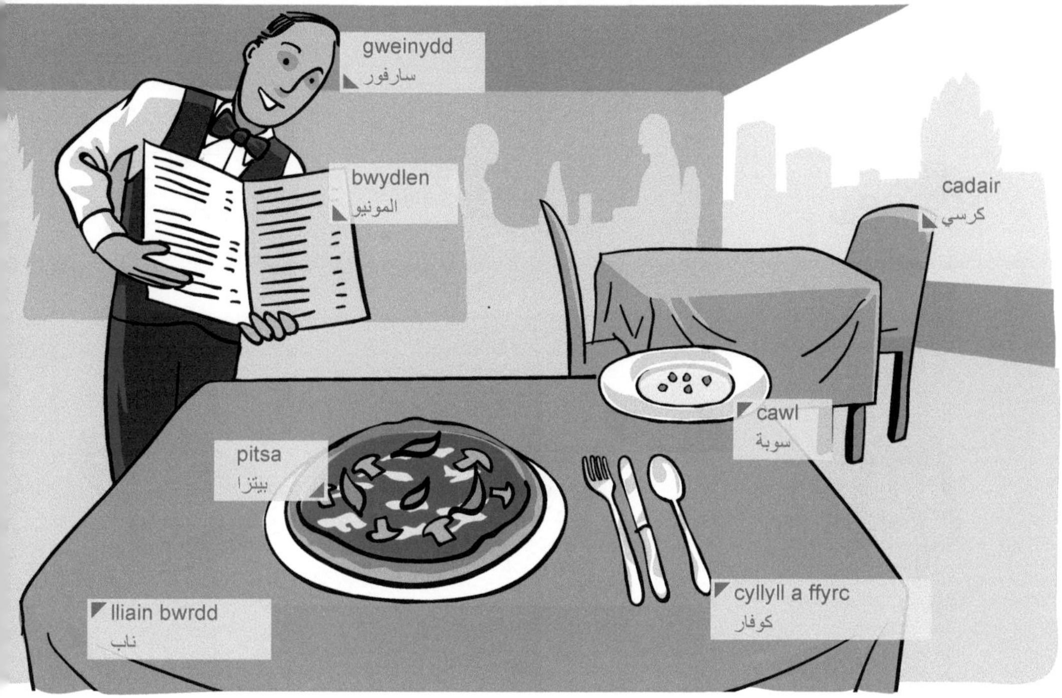

gweinydd
سارفور
bwydlen
المونيو
cadair
كرسي
cawl
سوبة
pitsa
بيتزا
lliain bwrdd
ناب
cyllyll a ffyrc
كوفار

cwrs cyntaf

اوردوفر

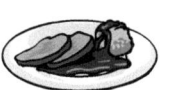

prif gwrs

الطبق الرئيسي

pwdin

ديسار

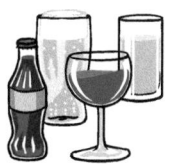

diodydd

مشروبات

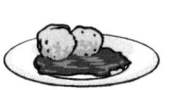

bwyd

ماكلة

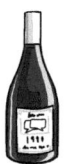

potel

القرعة

bwyd cyflym

فاست فود

bwyd y stryd

ماكلة نديه معايا

tebot

براد اتاي

powlen siwgr

سكرية

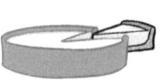

dogn

طرف

peiriant espresso

ماشينة تاع اكسبريسو

cadair plentyn

كرسي عالي

bil

فاتورة

hambwrdd

سني

cyllell

خدمي

fforc

فرشيطة

llwy

مغيرفة

llwy de

مغيرفة تاع لاتاي

napcyn

سربيتة تاع الطابلة

gwydr

كاس

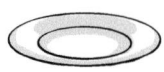

plât

طبسي

plât cawl

بول

soser

طبسي تاع الفنجال

saws

لاصوص

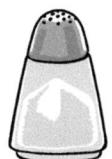

pot halen

القوطي تاع الملح

melin bupur

طحان تاع الحرور

finegr

خل

olew

زيت

sbeisys

ليزيبيس

saws coch

كتشوب

mwstard

موطارد

mayonnaise

مايونيز

archfarchnad

سوبرات

cynnig arbennig
بروموسيو
FOR
cwsmer
كلويون
cynnyrch llaeth
مشتقات الحليب
ffrwythau
فاكية
troli
شاريو

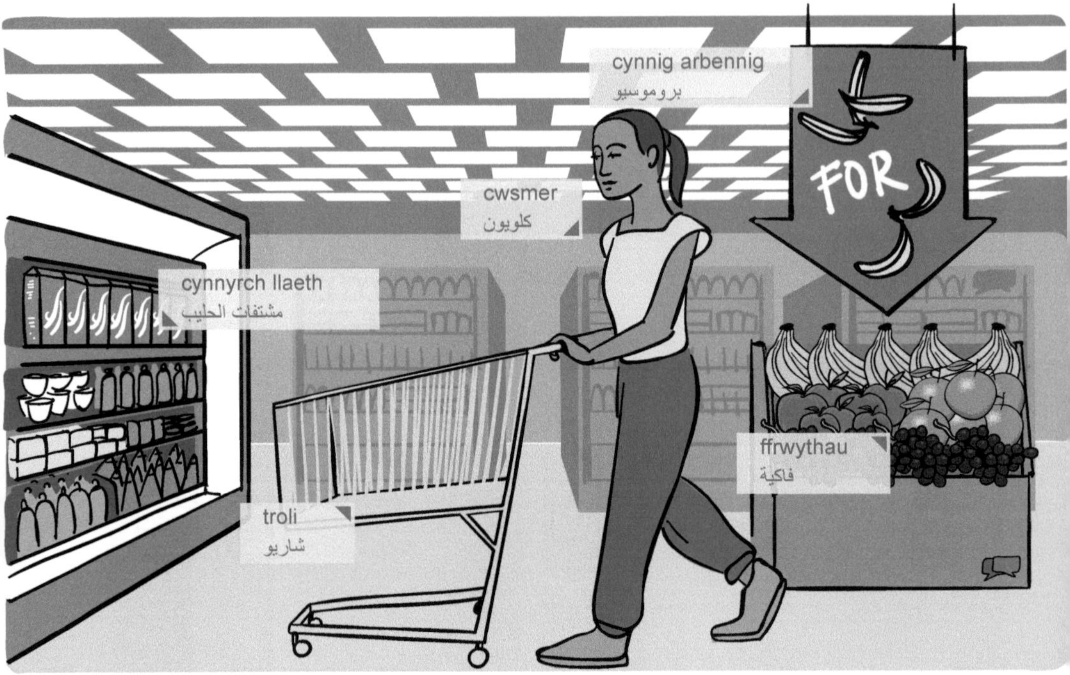

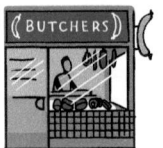

BUTCHERS

siop gig

بوشي

BAKERY

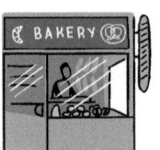

siop fara

بولونجي

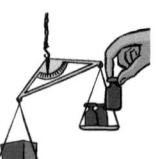

pwyso

يوزن

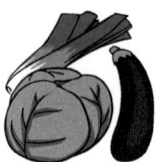

llysiau

خضار

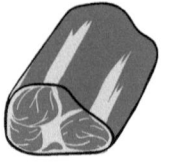

cig

لحم

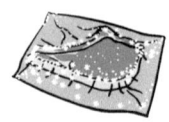

Bwyd wedi'i rewi

سيرجولي

cig oer

كاشير

bwyd tun

كونسارف

powdr golchi

الاومو تاع لغسيل

da-da

الحلويات

cynnyrch cartref

صوالح الدار

cynhyrchion glanhau

ديتارجو

gwerthwraig

فوندوز / خدامة فالحانوت

til

لاكاس

ariannwr

كاسسي

rhestr siopa

ليستا تاع الشري

oriau agor

سوايع الخدمة

waled

تزرتاتم

cerdyn credyd

كارطة ناع الكريدي

bag

ساك

bag plastig

بورسة

dŵr

الماء

sudd

جو

llefrith

حليب

côc

كوكا

gwin

الشراب

cwrw

البيرة

alcohol

شراب

coco

كاكاو

te

لاتاي

coffi

قهوة

espresso

اكسبريسو

cappuccino

كابوتشينو

ffrwchledd

بانانة

afal

تفاح

oren

تشينا

melon

بطيخ

lemwn

ليم

moronen

كروطة / زرودية

garlleg

ثوم

bambŵ

بانبو

nionyn

بصل

madarchen

شانبينيو

cnau

بندق

nwdls

ليبات

sbageti

سباقيتي

reis

روز

salad

سلاطة

sglodion

ليفريت

tatws wedi'u ffrïo

ليفريت

pitsa

بيتزا

hambyrger

هانبورقر

brechdan

سندويش

cytled

اسكالوب

ham

لحم الحلوف

salami

سامي

selsig

مرقاز

cyw iâr

جاجة

rhost

لحم مشوي

pysgodyn

حوت

ceirch uwd

شوفان

miwsli

موسلي

creision ŷd

كورن فلكس

blawd

فرينة

croissant

كرواسون

bynsen

خبيزة

bara

الخبز / كسرة

tost

خبز محمر

bisgedi

بيسكوي

menyn

زبدة

ceuled

لبن

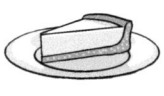

teisen

قاطو

wy

بيض

wy wedi'i ffrïo

بيض مقلي

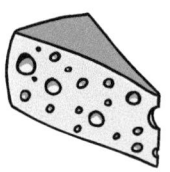

caws

فرماج

hufen iâ
....
لاكرام

siwgr
....
سكر

mêl
....
عسل

jam
....
كونفتير

siocled taenu
....
نوقا

cyri
....
الكاري

fferm
فيرما

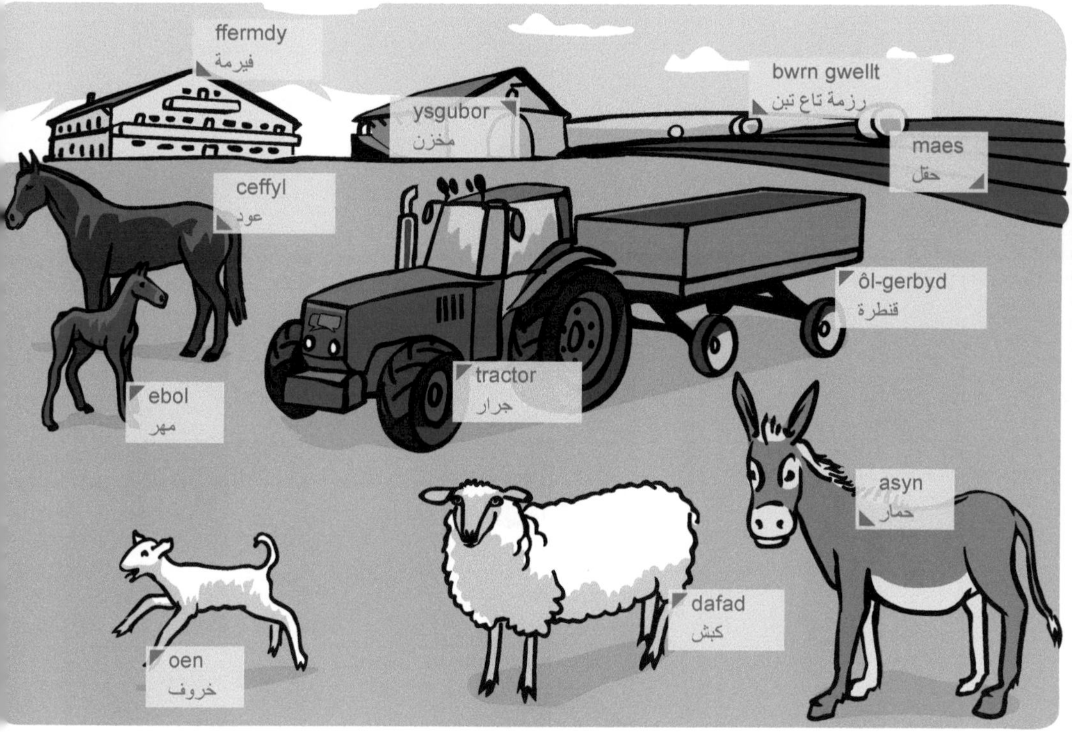
ffermdy
فيرمة
bwrn gwellt
رزمة تاع تبن
ysgubor
مخزن
maes
حقل
ceffyl
عود
ôl-gerbyd
قنطرة
tractor
جرار
ebol
مهر
asyn
حمار
dafad
كبش
oen
خروف

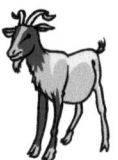

gafr

معزة

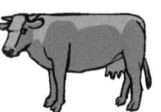

buwch

بقرة

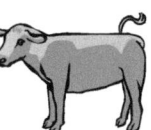

llo

عجل

mochyn

حلوف

porchell

حلوف صغير

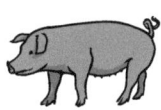

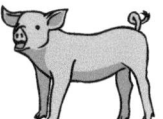

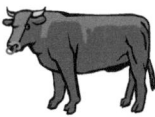

tarw

طورو

gwydd

وزّة

hwyaden

بطة

cyw

فلوس

iâr

جاجة

ceiliog

ديك

llygoden fawr

جرذ

cath

قطة

llygoden

فأر

ych

ثور

ci

كلب

cwt ci

دار الكلب

pibell ddŵr

أنبوب

can dŵr

إبريق

pladur

منجل

aradr

محراث

cryman

منجل

fforch chwynu

الفاس

picwarch

مذراة الزبل

bwyell

شاقور

berfa

برويطة

cafn

معلف

tun llefrith

قابة تاع حليب

sach

ساشيا

ffens

سياج

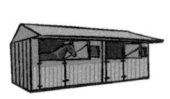

stabl

صطبل

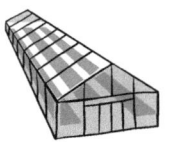

tŷ gwydr

بوطاجي

pridd

تراب

hedyn

بذور

gwrtaith

سماد

dyrnwr medi

حصادة

cynaeafu

يحصد

cynhaeaf

الغلة

iamau

بطاط

gwenith

قمح

soi

صويا

tysen

بطاطا

grawn

مابيس

had rêp

سلجم

coeden ffrwythau

شجرة تاع فاكية

manioc

منيهوت

grawnfwydydd

الخبوب

simnai
شوميني

to
سقف

peipen law
بالة

ffenestr
ناقة

garej
قاراج

cloch y drws
صونات

drws
باب

bin sbwriel
بويال

blwch post
بواطة تاع البرية

gardd
جاردان

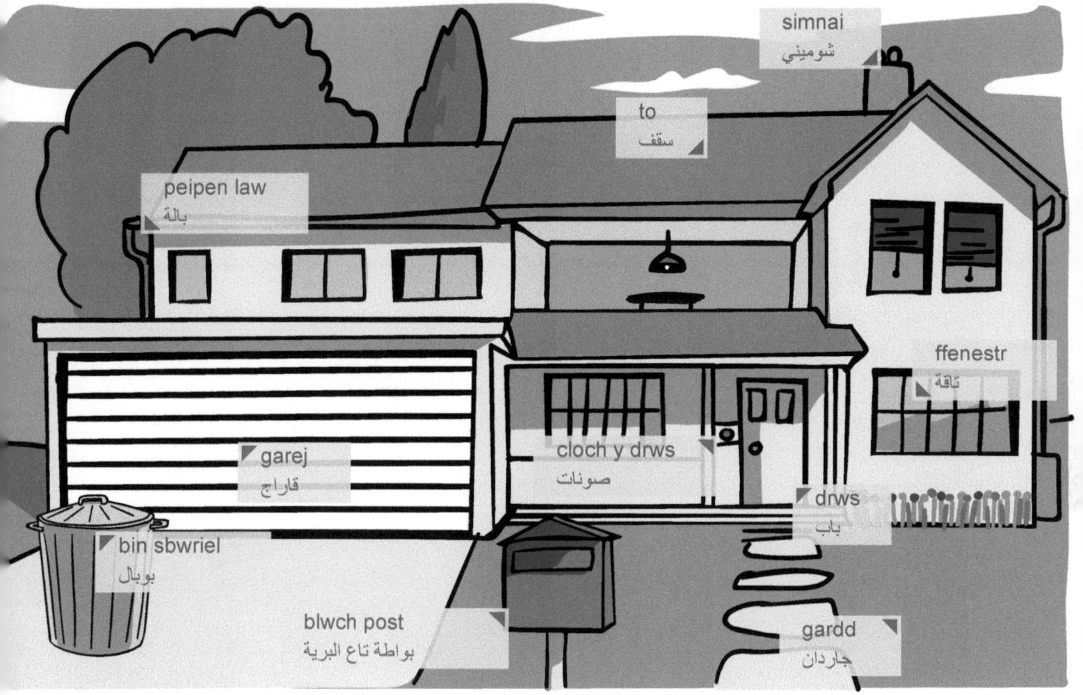

lolfa

صالون

ystafell ymolchi

الحمام

cegin

كوزينا

ystafell wely

شامبرا تاع رقاد

ystafell plentyn

شمبرا تاع ذراري

ystafell fwyta

صالة مونجي

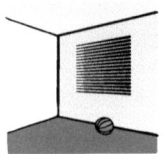

llawr

لرض

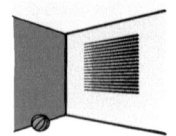

wal

حيط

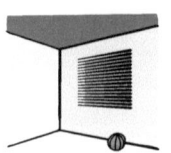

nenfwd

بلافو

seler

كافا

sawna

سونا

balconi

بالكون

teras

تيراسة

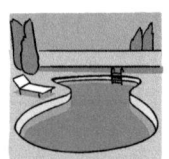

pwll

بيسين

peiriant torri gwair

جزارة تاع حشيش

taflen

سواااا

gorchudd gwely

كووات

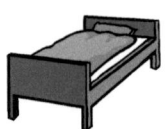

gwely

ناموسية

ysgub

مصلحة

bwced

حليص تاع ودبي

swits

انتغبثور

lolfa
صالون

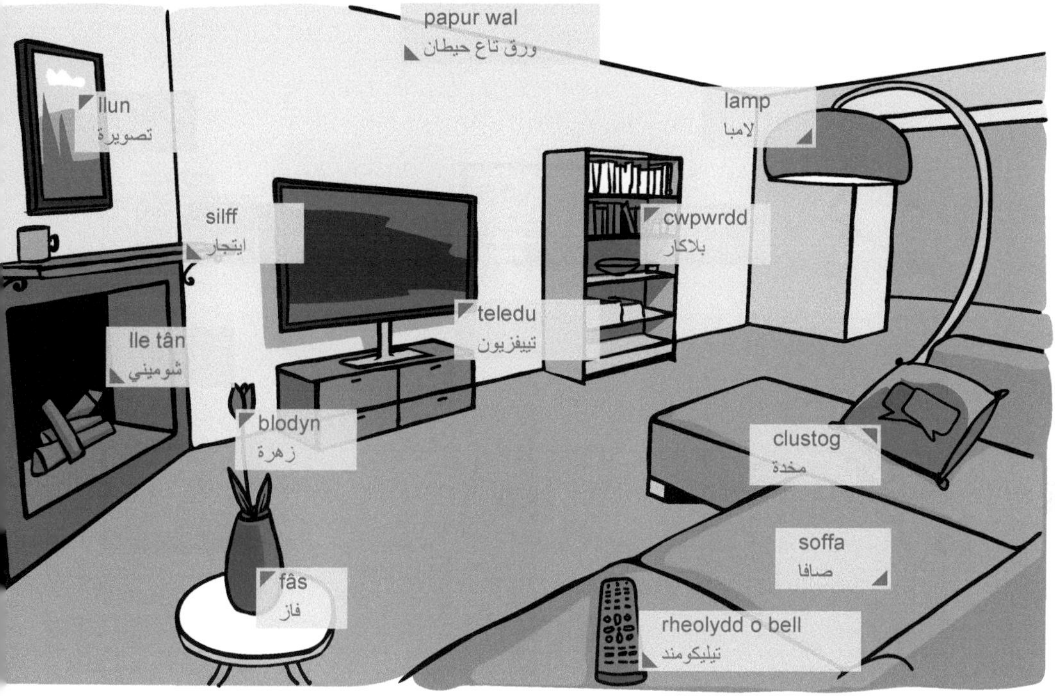
papur wal
ورق تاع حيطان
llun
تصويرة
lamp
لامبا
silff
ايتجار
cwpwrdd
بلاكار
teledu
تيفزيون
lle tân
شوميني
blodyn
زهرة
clustog
مخدة
soffa
صافا
fâs
فاز
rheolydd o bell
تيليكومند

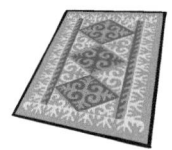

carped
....
طابي

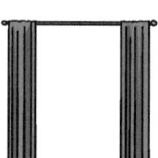

llen
....
ريدو

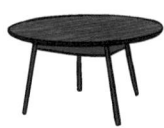

bwrdd
....
طابلة

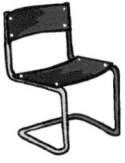

cadair
....
كرسي

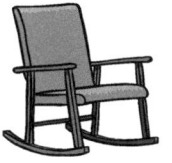

cadair siglo
....
كرسي ببوجي

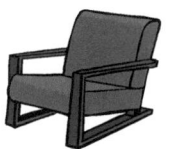

cadair freichiau
....
فوتاي

llyfr

كتاب

blanced

طوفيرطة

addurn

زواق

coed tân

الحطب

ffilm

فيلم

hi-fi

الستيريو

agoriad

مفتاح

papur newydd

جرنان

darlun

كادر

poster

بوستار

radio

راديو

llyfr nodiadau

كناش

hwfer

اسبيراتور

cactws

صبار

cannwyll

شمعة

oergell
فريغو

popty micro-don
ميكرروند

clorian gegin
ميزان تاع الكوزينة

tostiwr
غريبان

gwlybwr
ديترجون

popty
فورنو

rhewgist
فريجيدان

bin sbwriel
بوبال

peiriant golchi llestri
غسالة تاع ماعين

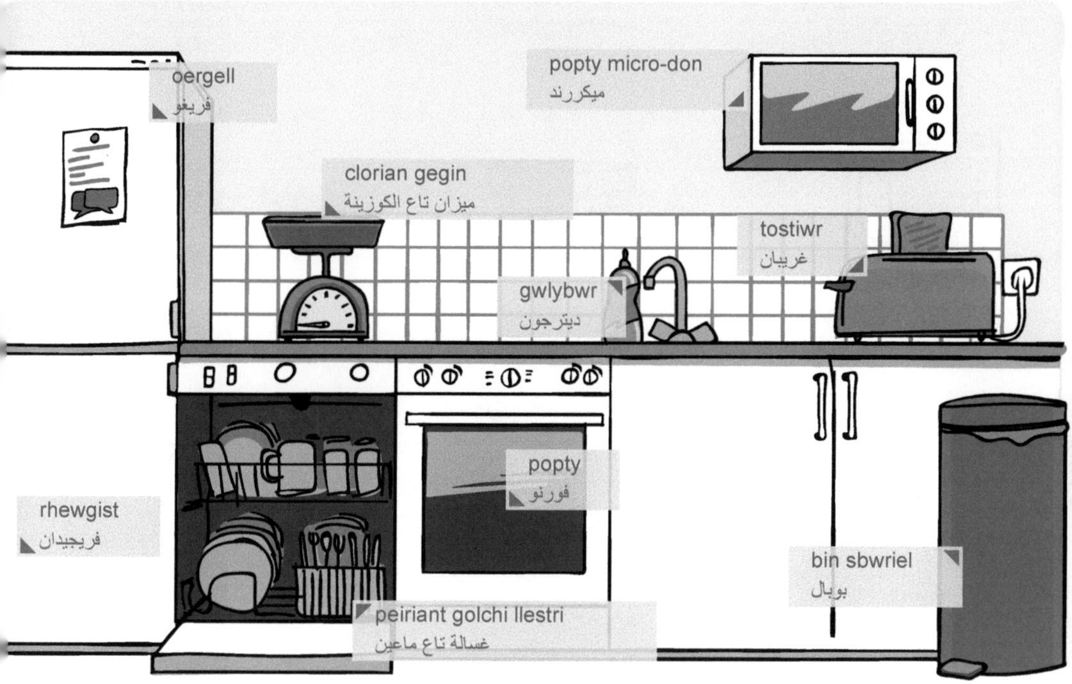

popty

الفور

pot

قدرة

pot haearn bwrw

مرميطا

wok / kadai

طاوة غامقة

padell

مقلة

tegell

غلاية

sosban stemio

قدرة

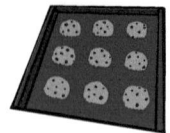

hambwrdd pobi

سنی

llestri

ماعين

mwg

قوبلي

powlen

طبسي

gweill bwyta

مطارق تاع الماكلة

lletwad

لوشة

ysbodol

سباتولة

chwisg

الضرابة

hidlydd

كسكاس

gogr

صفاية

gratiwr

راب

morter

مهراز

barbeciw

شواية

tân agored

موقد

bwrdd torri cig

نشابلو

rholbren

رولو

tynnwr corcyn

الحلال

tun

قابسة

peth agor tuniau

الحلال

clwt pot

كتان

sinc

لافابو

brws

بروسة

sbwng

بونجة

peiriant cymysgu

الخلاط

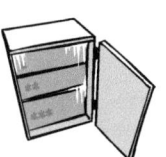

rhewgell

فريغو

potel babi

بيبرونة

tap

سبالة

cawod
دوش

gwres
شوفاج

tywel
سربيتة

llen gawod
ستار تاع ريدو

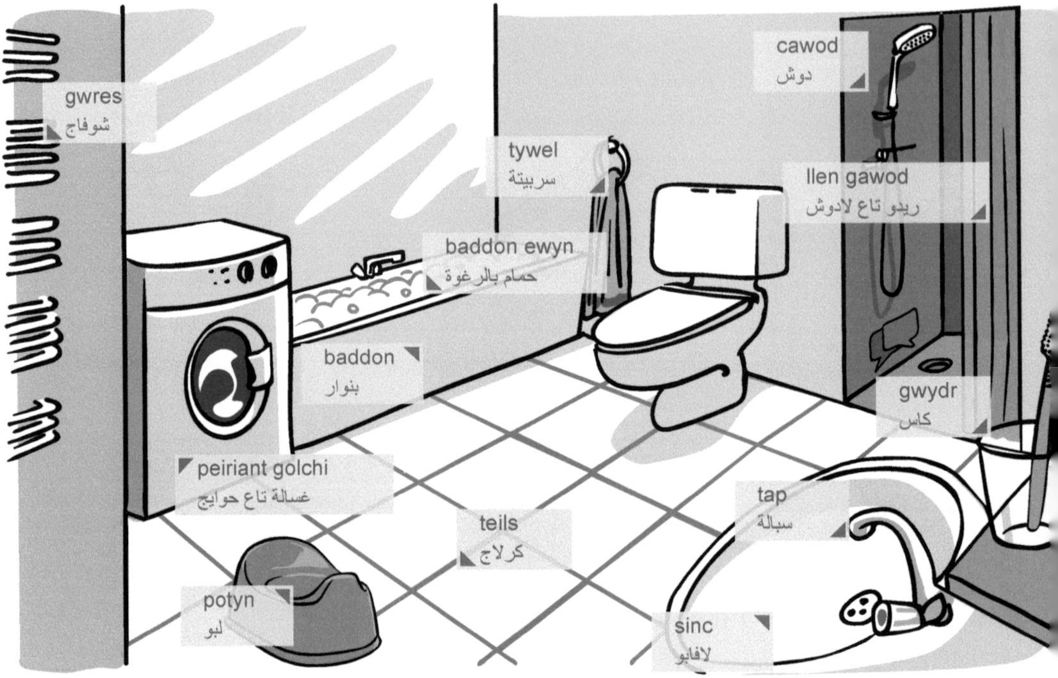

baddon ewyn
حمام بالرغوة

baddon
بنوار

gwydr
كاس

peiriant golchi
غسالة تاع حوايج

tap
سبالة

teils
كرلاج

potyn
لبو

sinc
لافابو

tŷ bach	**toiled cyrcydu**	**bidet**
توالات	توالات تركي	غسال الرجلين
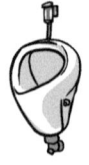		
troethfa	**papur tŷ bach**	**brws tŷ bach**
مبولة	ورق تاع توالات	بروسة تاع توالات

brws dannedd

بروسدون

past dannedd

دونتفريس

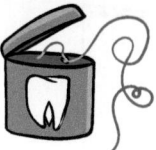

edau ddannedd

خيط السنان

golchi

يغسل

cawod llaw

دوشات تاع دوش

golchfa

دوشات

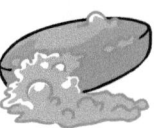

basn

لافابو

brws-ôl

بروسا تاع الظهر

sebon

صابون

gel cawod

جال دوش

siampŵ

شنبوان

gwlanen

الحبل

ffos

قادوس

hufen

بومادة

diaroglydd

ديودورون

drych

مراية

drych llaw

مراة صغيرة

rasel

رازوار

ewyn eillio

لاموس

sent eillio

كولون

crib

مشطة

brws

بروسة

sychwr gwallt

سشوار

chwistrell gwallt

مثبت الشعر

colur

مكياج

minlliw

روجالافر

farnais ewinedd

فرني

gwlân cotwm

قطن

siswrn ewinedd

كوبنغل

persawr

ريحة

bag ymolchi

تروسة تاع حمام

stôl

طابوري

clorian

ميزان

gŵn baddon

بينوار

menig rwber

ليغونات تاع النيتواياج

tampon

تمبون

tywel misglwyf

لييوند

toiled cemegol

توالات

ystafell plentyn

شمبرا تاع ذراري

cloc larwm
ريفاي
tegan anwes
نونورس
car tegan
لوطو جوي
cleciwr
الخشخاش
tŷ dol
دار تاع بوبيات
anrheg
كادو

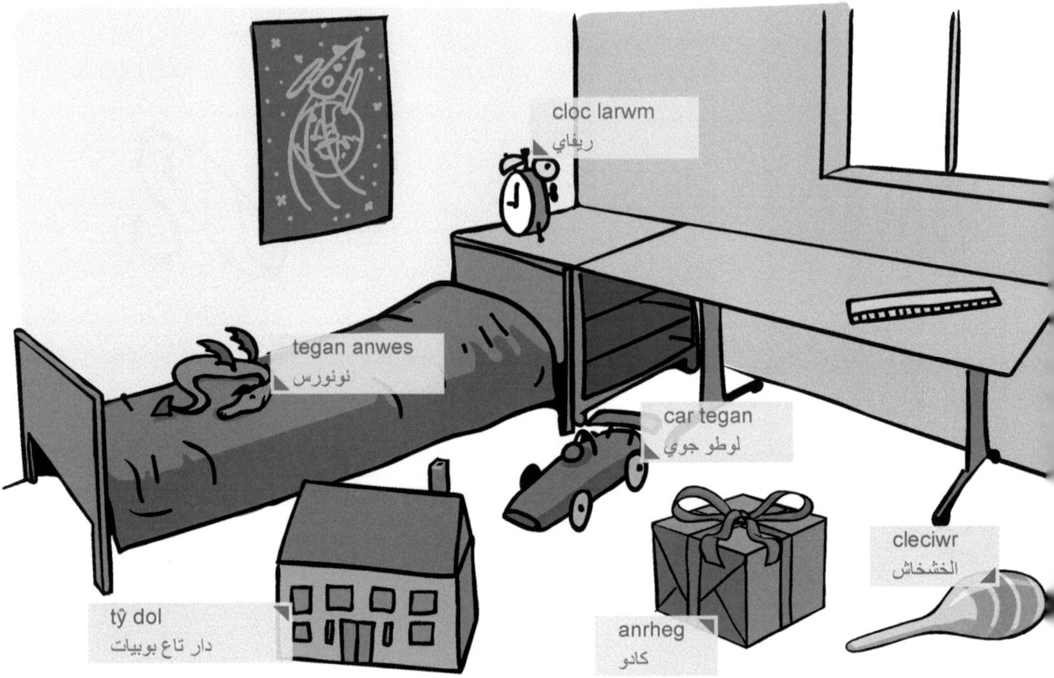

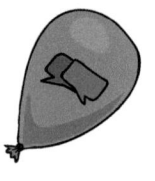

balŵn

بالونة / نسافة

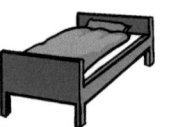

gwely

ناموسية

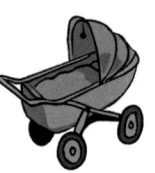

pram

بوسات

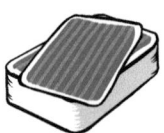

pecyn o gardiau

الكارطة

jig-so

البوزيل

SUPER MEGA

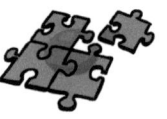

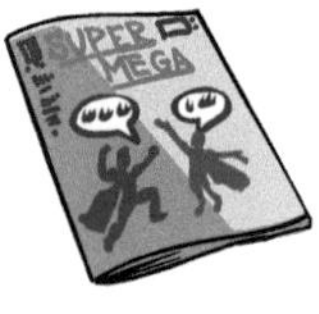

comic

بوند ديسيني

brics Lego

الليغو

blociau adeiladu

حجر يبنوه

ffigur gweithredu

بوبية

babygro

لبسة تاع البيبي

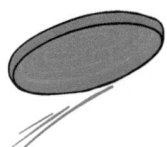

ffrisbi

فريزي

ffôn symudol

اللهاية

gêm fwrdd

لعبة الطابلة

deis

الدي

set model trên

التران

teth lwgu

سوسات

parti

حفلة / الفيشطة

llyfr lluniau

كتاب بتصاوير

pêl

بالون

dol

بوبية

chwarae

يلعب

pwll tywod

بارك بالرملة

swing

بنصوار

teganau

جوي

consol gemau fideo

منيطا

beic tair olwyn

بيسكلات

tedi

ديدوب

cwpwrdd dillad

ماريو

dillad

حوايج

hosanau

تقاشر

hosanau

ليبا

teits

كولو

sgarff
شال

gwregys
حزام

ymbarél
بربلوي

crys-t
تريكو

esgidiau
بوط

sliperi
بنتوفلا

esidiau ymarfer
تينيسيا / سبردينا

sandalau
صندالة

esgidiau
صباط

esgidiau rwber
بوط بلاستيك

trôns
كالسون

bra
سوتيان

fest
حويج تاع داخل

corff

لاسق على الجسم

trowsus

سروال

jîns

جين

sgert

جيبا

blows

طابلية

crys

قمجة

pwlofer

تريكو

hwdi

قارديقون

blaser

بلازار

siaced

فيستا

côt

بالطو

côt law

بالطو

gwisg

كوستيم

gŵn

روبا

gwisg briodas

روب بلونش

siwt

كوستيم

gŵn nos

شوميز دونوي

pyjamas

بيجاما

sari

ساري

sgarff pen

حجاب

tyrban

عمامة

bwrca

برقع

cafftan

قفطان

abaya

عباية

gwisg nofio

مايو

trowsus nofio

سروال تاع عوم

siorts

شورت

tracwisg

لبسة تاع سبور

ffedog

طابلية

menig

ليقونات

botwm

قفلة

sbectol

نواظر

breichled

براسلي

cadwyn

سنسلة

modrwy

خاتم

clustdlws

منقوش

cap

بوني

cambren

سانتر

het

شابو

tei

قرافاطة

sip

غيمة

helmed

كاسك

fframiau danedd

بروتال

gwisg ysgol

اللبة تاع ليكول

gwisg

لينيفورم

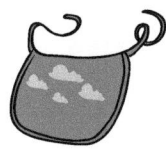

bib

رياقة

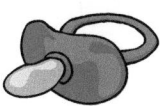

teth lwgu

سوسات

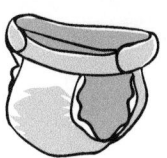

cewyn

ليكوش

swyddfa

بيرو

gweinydd
سارفر
cwrpwrdd ffeilio
خزانة تاع الملفات
argraffydd
امبريمانت
papur
ورقة
monitor
ليكرون
desg
بيرو
llygoden
لاسوري
ffolder
كلاسور
bysellfwrdd
كلافيي
basged papur gwastraff
بوبال
cyfrifiadur
اوردیناتور
cadair
كرسي

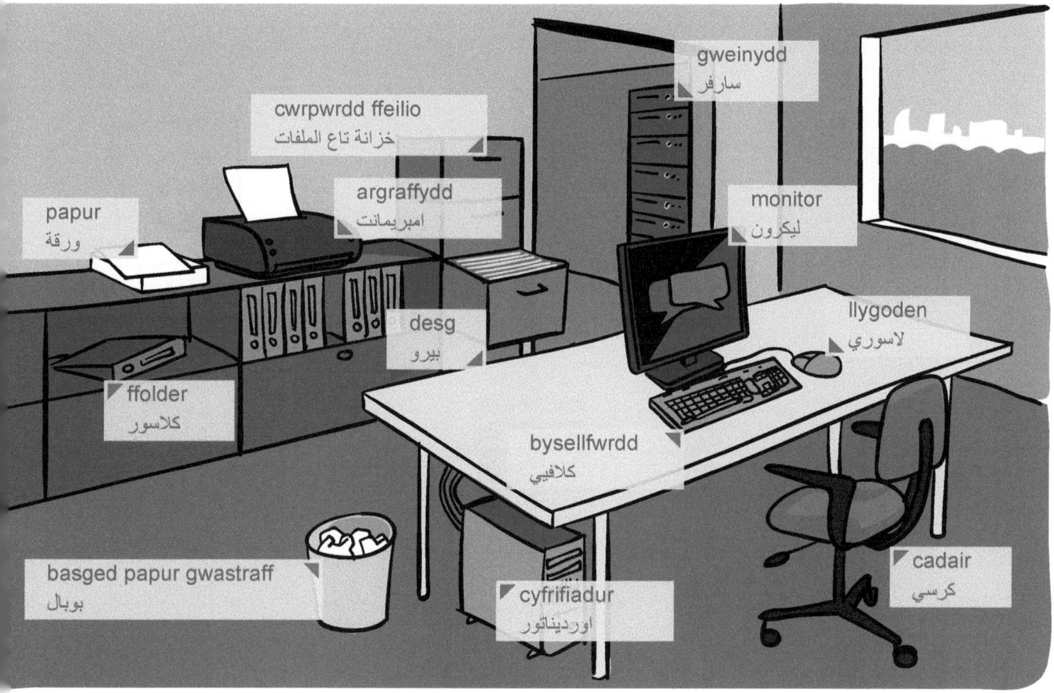

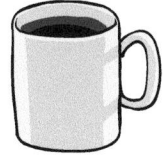

mwg coffi

كاس قهوة

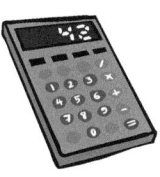

cyfrifiannell

كاكولاتريس

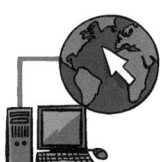

rhyngrwyd

لانترنت

gliniadur

اورديناتور

llythyr

برية

neges

ميساج

ffôn symudol

بورطابل

rhwydwaith

ريزو

llungopïwr

فوطوكوبي

meddalwedd

لوجسيال

teleffon

تيلفون

soced plwg

بريزة

peiriant ffacs

فاكس

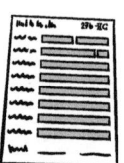

ffurflen

استمارة

dogfen

وثيقة

prynu

يشري

talu

يخلص

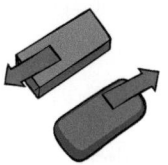

masnachu

يتاجر

arian

دراهم

doler

دولار

ewro

اورو

yen

ين

rwbl

روبل

ffranc y Swistir

فرنك سويسري

yuan renminbi

يوان

rwpi

روبية

peiriant arian

ديستريبيتور

swyddfa gyfnewid

بيرة تاع الصرف

aur

ذهب

arian

فضة

olew

نفط

ynni

طاقة

pris

السومة

contract

عقد

treth

طاكس

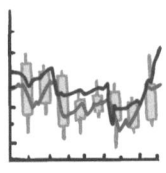

stoc

سهم

gweithio

يخدم

cyflogai

خدام

cyflogwr

مول الشي

ffatri

وزين

siop

حانوت

swyddi

الخدمة

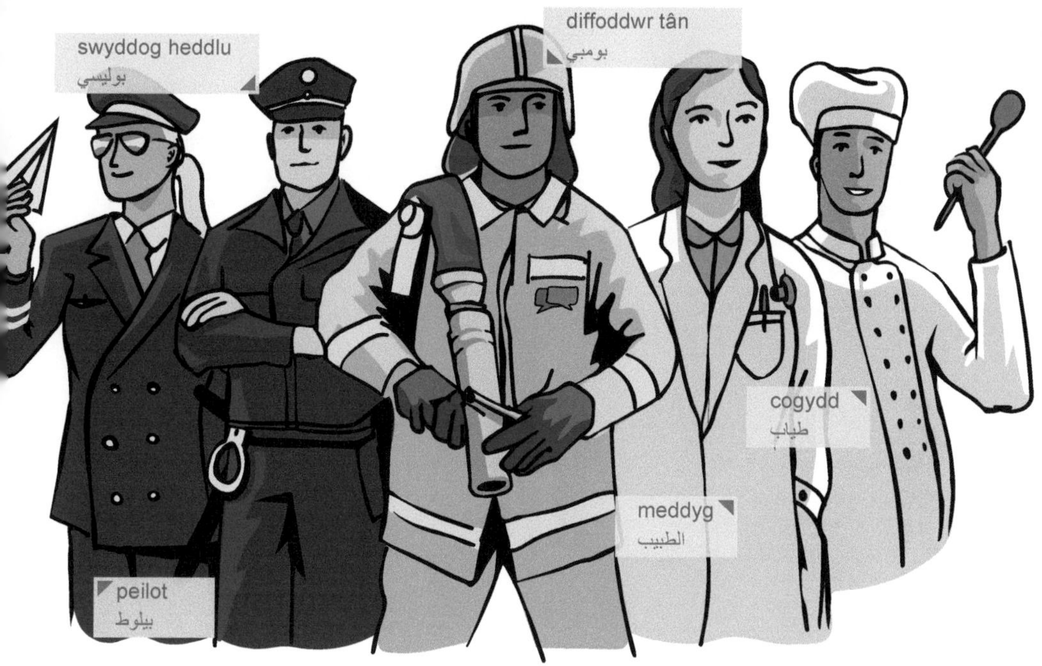

swyddog heddlu
بوليسي
diffoddwr tân
بومبي
cogydd
طباخ
meddyg
الطبيب
peilot
بيلوط

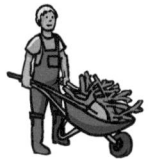

garddwr

جرديني

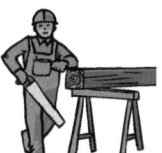

saer

نجار

gwniadwraig

خياط

barnwr

قاضي

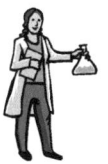

fferyllydd

شيميك

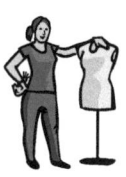

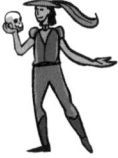

actor

ممثل

gyrrwr bws

شوفير

gyrrwr tacsi

طاكسيور

pysgotwr

صياد

glanhawraig

خدامة

töwr

ماصو تاع الصقف

gweinydd

سارفور

heliwr

صياد

paentiwr

بنتار

pobydd

خباز

trydanwr

الكتريسيان

adeiladwr

ماصون

peiriannydd

مهندس

cigydd

بوشّي

plymiwr

بلومبي

dyn y post

فاكتور

milwr

جندي

pensaer

ارشيتكت

ariannwr

كاسسي

gwerthwr blodau

بياع اورد

triniwr gwallt

كوافير

archwiliwr tocynnau rheilffordd

الكنترول

mecanydd

ميكانيسيان

capten

كابيتان

deintydd

طبيب سنان

gwyddonydd

عالم

rabi

حاخام

imam

امام

mynach

موان

clerigwr

موان

offer
ليزوتي

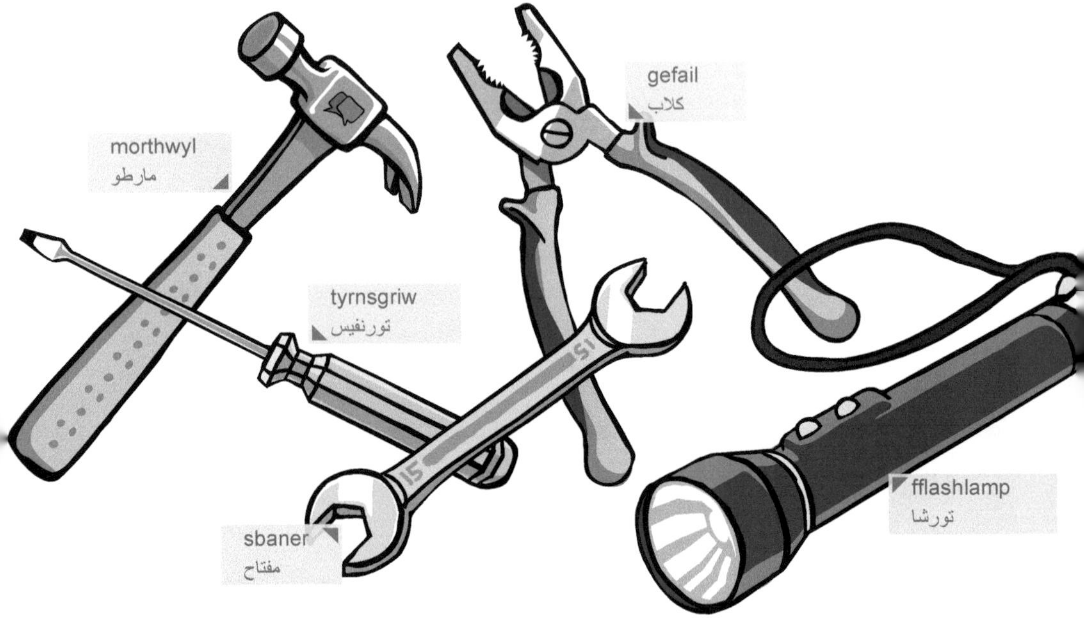

morthwyl
مارطو
gefail
كلاب
tyrnsgriw
تورنفيس
sbaner
مفتاح
fflashlamp
تورشا

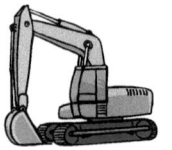

turiwr

جرافة

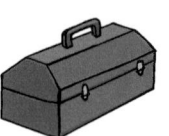

blwch offer

قايصة نتاع ليزوتي

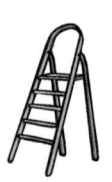

ysgol

سلوم

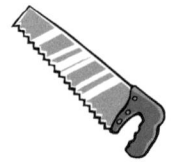

llif

منشار

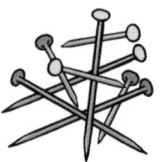

hoelion

مسامير

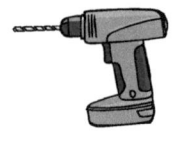

dril

برسوز

trwsio

يصنع

rhaw

البالة

Daria!

ياويلي

rhaw lwch

بالا

pot paent

بو تاع بنتورة

sgriwiau

ليفيس

offerynnau cerdd

آلات موسيقية

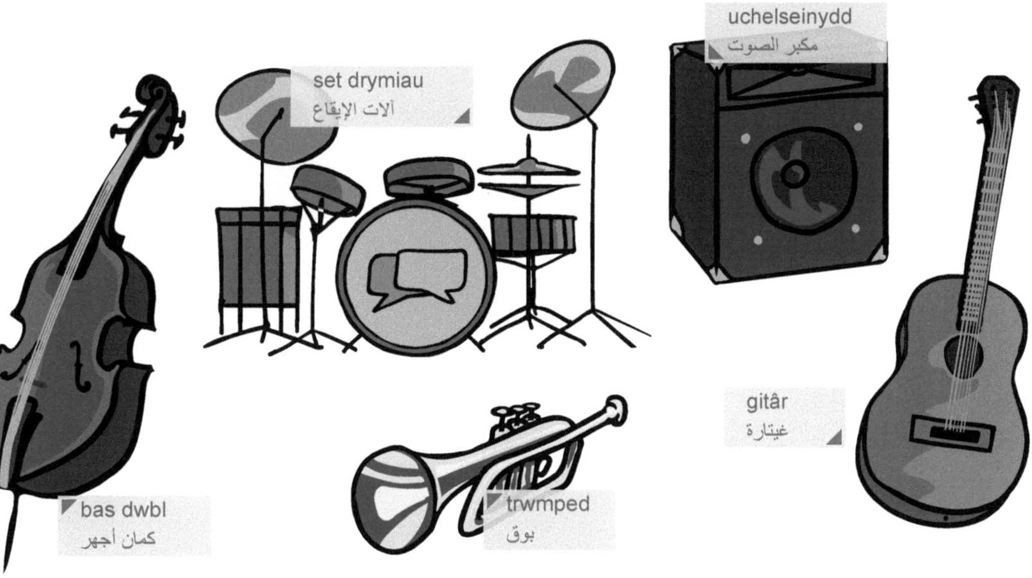

uchelseinydd
مكبر الصوت

set drymiau
آلات الإيقاع

gitâr
غيتارة

bas dwbl
كمان أجهر

trwmped
بوق

piano

بيانو

ffidil

كمنجة

bas

جهير

timpani

طبل كبير

drymiau

طبل

cyweirfwrdd

بيانو كهرباني

sacsoffon

ساكسوفون

ffliwt

ناي

meicroffon

ميكروفون

حديقة حيوانات

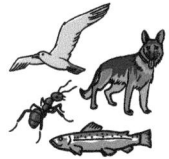

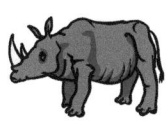

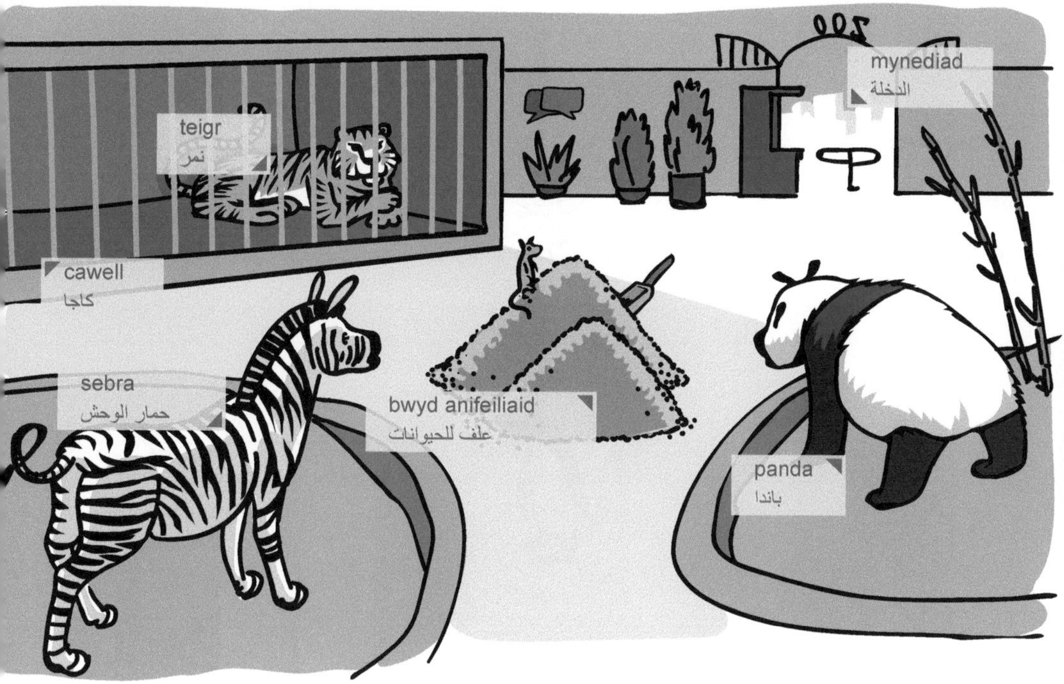
mynediad
الدخلة
teigr
نمر
cawell
كاجا
sebra
حمار الوحش
bwyd anifeiliaid
علف للحيوانات
panda
باندا

anifeiliaid
حيوانات

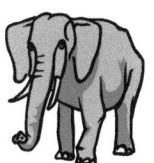

eliffant
فيل

cangarŵ
كنغر

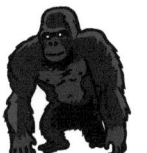

rhinoseros
وحيد القرن

gorila
غوريلا

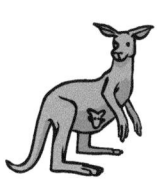

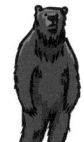

arth
دب

camel

جمل

estrys

نعامة

llew

سبع

mwnci

تشيطا

fflamingo

فلامونغوز

parot

بيروكي

arth wen

دب قطبي

pengwin

بطريق

siarc

سمك القرش

paun

طاووس

neidr

لفعة

crocodeil

تمساح

gofalwr sŵ

عساس في حديقة الحيوان

morlo

عجل البحر

jagwar

نمر أمريكي مرقط

merlyn

فرس قزم

llewpard

نمر

hipo

فرس النهر

jiráff

زرافة

eryr

نسر

baedd

حلوف

pysgodyn

حوت

crwban

فكرون

walrws

حيوان فظ البحري

llwynog

ثعلب

gafrewig

غزال

pêl-droed America
بالون اميريكا

beicio
الركبة تاع البيسكلت

tennis
تينيس

pêl-fasged
باسكات

nofio
العوم

bocsio
بوكس

hoci iâ
هوكي

pêl-droed
....
بالون

badminton
....
الريشة الطائرة

athletau
....
اتلاتيزم

pêl-law
....
الهوند

sgïo
....
سكي

polo
....
بولو

gweithgareddau
نشطات

chwerthin
يضحك
neidio
ينقز
cofleidio
يعنق
cerdded
يمشّي
canu
يغني
breuddwydio
ينوم
gweddïo
يصلي
cusanu
يبوس

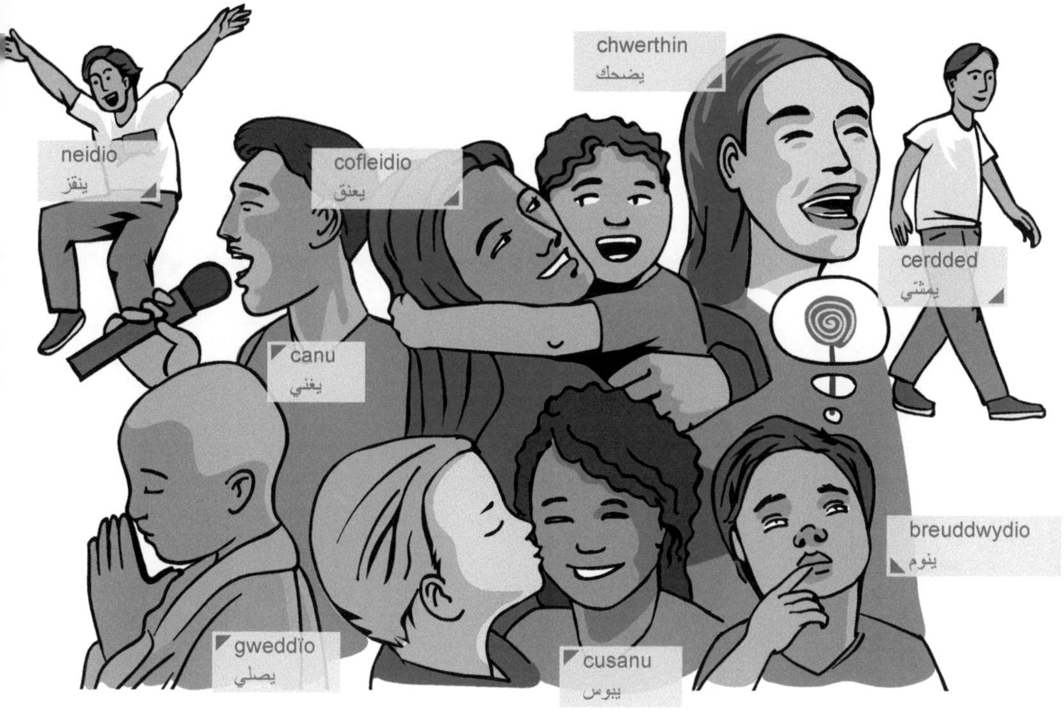

ysgrifennu
....
يكتب

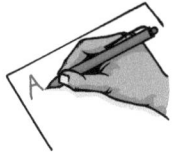

tynnu
....
يرسم

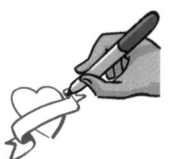

dangos
....
يوري

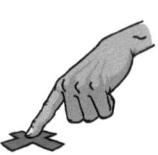

gwthio
....
يدمر

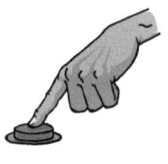

rhoi
....
يعطي

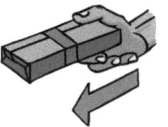

cymryd
....
يدي

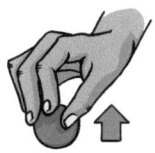

bod gan

يملك

gwneud

يخدم

bod

كاين

sefyll

يوقف

rhedeg

يجري

tynnu

يجبد

taflu

يقيس / يرمي

disgyn

يطيح

gorwedd

يتكسل

aros

يشوف

cario

يرفد

eistedd

يقعد

gwisgo amdanoch

يلبس

cysgu

يرقد

deffro

ينوظ

edrych ar

يشوف في

crïo

يبكي

anwesu

يحك

cribo

يمشّط

siarad

يهدر

deall

يفهم

gofyn

يسقسي

gwrando

يسمع

yfed

يشرب

bwyta

يأكل

tacluso

يخمل

caru

يبغي

coginio

يطيّب

gyrru

يصوق

hedfan

يطير

hwylio

يبحر بالفلوكة

cyfrifo

يحسب

darllen

يقرا

dysgu

يتعلم

gweithio

يخدم

priodi

يتزوج

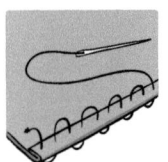

gwnïo

يخيط

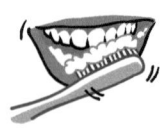

brwsio dannedd

يغسل سنانو

lladd

يكتل

ysmygu

يكمي

anfon

يرسل

nain
الجدة

taid
الجد

tad
الاب

mam
ام

baban
الذري

merch
البنت

mab
الولد

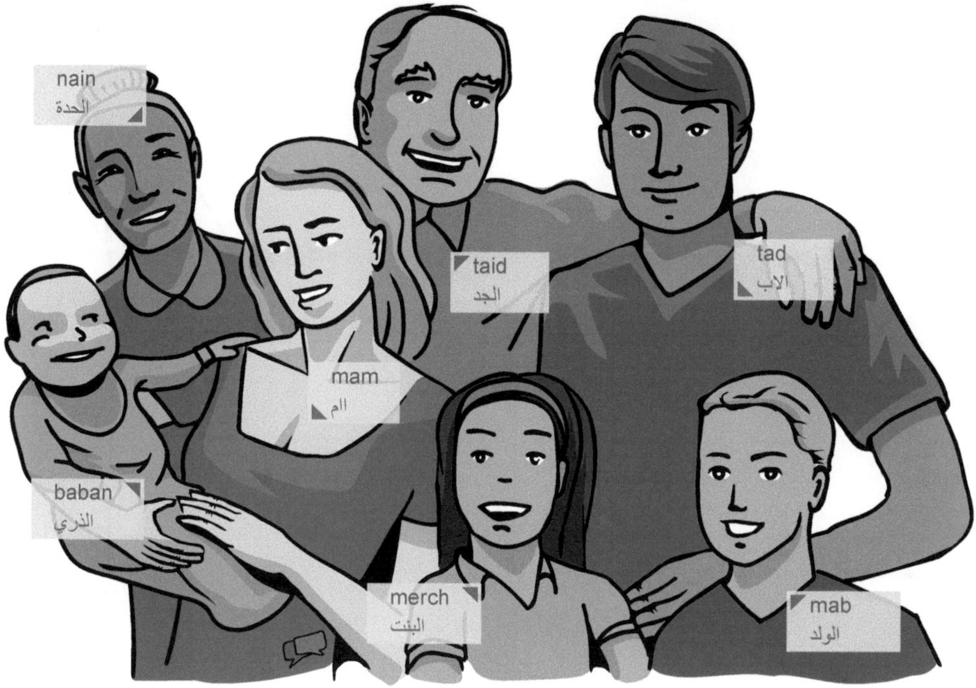

gwestai

ضيف

modryb

العمة / الخالة

ewythr

العم / الخال

brawd

الخو

chwaer

الخت

corff

الجسم

talcen
الجبهة
llygad
العين
ysgwydd
الكتف
bys
صبع
wyneb
الوجه
gên
اللحية
llaw
اليد
coes
الساق
bron
الصدر
braich
الذراع

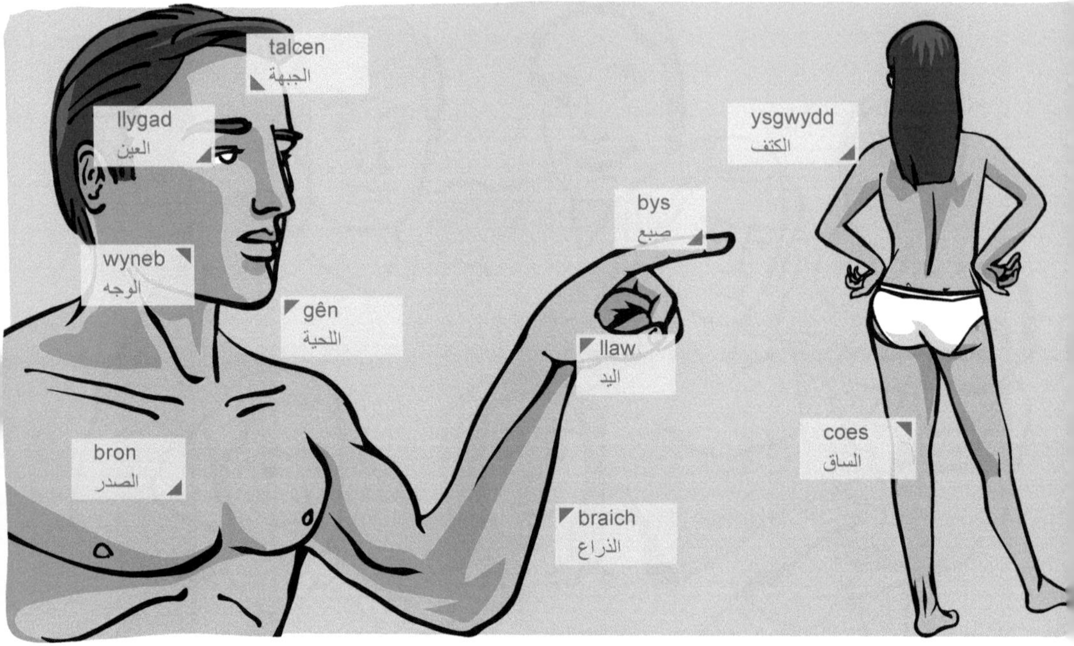

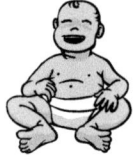

baban

الذري

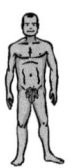

dyn

الراجل

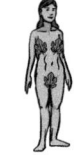

gwraig

المرا

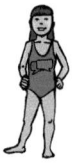

geneth

الشيرة، الطفلة

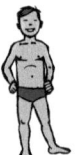

bachgen

الشير

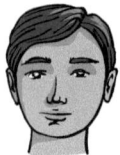

pen

الراس

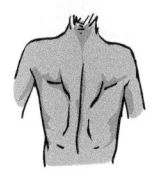

cefn

ظهر

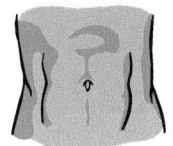

bel

الكرش

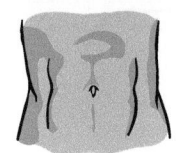

bogail

السرة

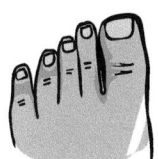

bys troed

صبع

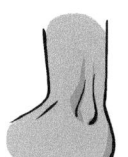

sawdl

طالون

asgwrn

العظم

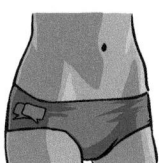

clun

المرادف

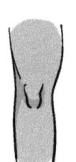

pen-glin

الركبة

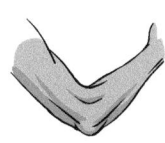

penelin

لمرفغ

trwyn

نيف

pen ôl

مصاصيط

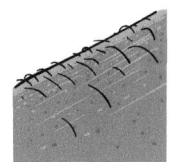

croen

البشرة

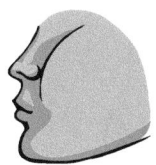

boch

الحنوك

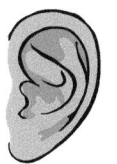

clust

لوذن

gwefus

شورب

ceg

الفم

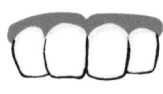

dant

السنة

tafod

اللسان

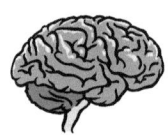

ymennydd

الدماغ

calon

القلب

cyhyr

العضلة

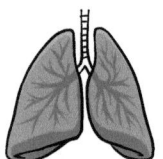

ysgyfaint

الرية

iau

الكبدة

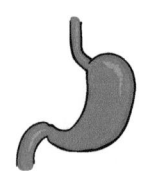

stumog

ماطوسل

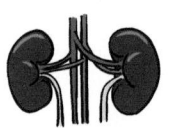

arennau

كلوى

rhyw

روبار

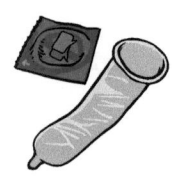

condom

فيتفارزايرب

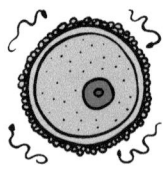

ofwm

البويضة

semen

سبرم

beichiogrwydd

شركلب

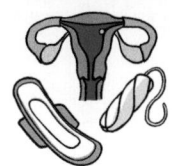

mislif

....

ليراغل

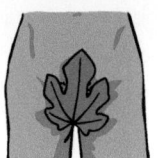

fagina

....

المهبل

pidyn

....

المذاكر

ael

....

الحاجب

gwallt

....

الشعر

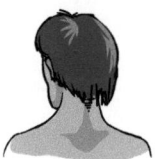

gwddf

....

رقبة

ysbyty

سبيطار

ysbyty
سبيطار
ambiwlans
لانبيلونس
cadair olwyn
الكرسي المتحرك
torasgwrn
فاتورة

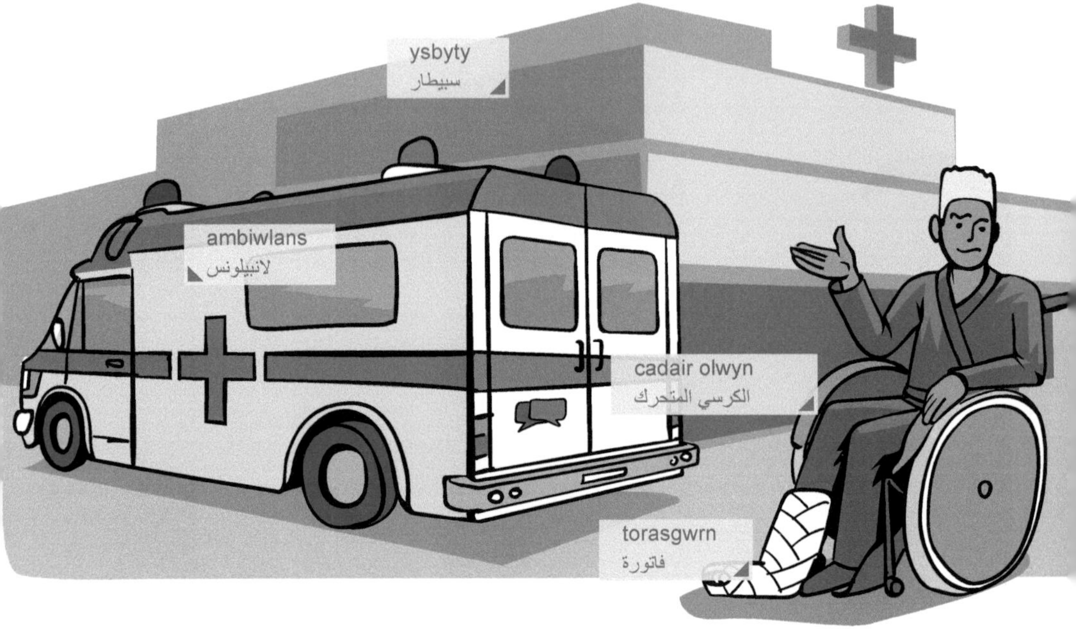

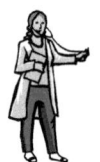

meddyg
الطبيب

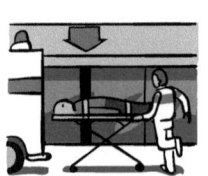

ystafell argyfwng
ليزيرجونس

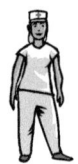

nyrs
الممرضة

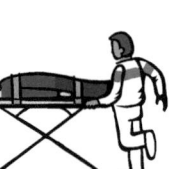

argyfwng
ليرجونس

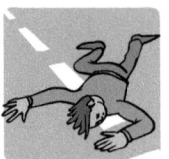

anymwybodol
تغاشى

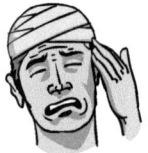

poen
الوجع

anaf

الجرح

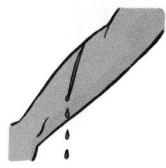

gwaedu

يسل الدم

trawiad ar y galon

القلب

strôc

لافيسي

alergedd

لالرجي

peswch

الكحة

twymyn

الحمة

ffliw

لاقريب

dolur rhydd

الاسهال

cur pen

ميغران

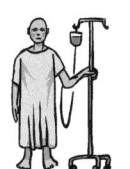

canser

السرطان

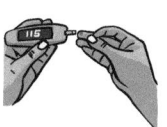

diabetes

السكر

llawfeddyg

الجراح

fflaim

مبضع

gweithrediad

عملية تاع القلب

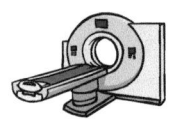

CT

لاسيتي

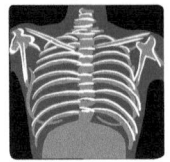

pelydr-x

الراديو

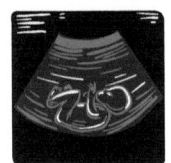

uwchsain

لولتخازرون

mwgwd wyneb

لماسك

clefyd

المرض

ystafell aros

وين يقارعو

bagl

العكاز

plastr

سكوتش

rhwymyn

لبانسما

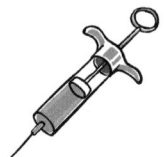

pigiad

لبرة

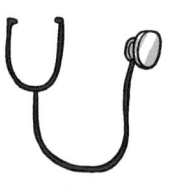

stethosgop

السماعة تاع الطبيب

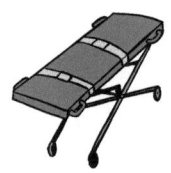

elorwely

نقالة

thermomedr clinigol

لوزنوبيه الحمة

genedigaeth

زيادة

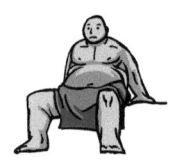

dros bwysau

السمونية

cymorth clyw

جهاز السمع

diheintydd

المعقم

haint

لنفكسون

firws

الفيروس

HIV / AIDS

السيدا

meddygaeth

الدوا

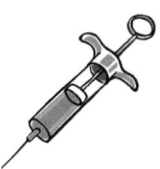

brechiad

الفاكسان

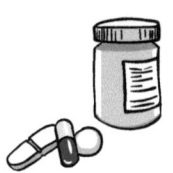

tabledi

الدوا حب

y bilsen

بيلولة

galwad frys

يعيط للنجدة

monitor pwysau gwaed

الجهاز ليقيسو بيه الدم

yn sâl / yn iach

مريض / صحيح

Help!

سلكوني

larwm

لالارم

ymosodiad

يتعدا

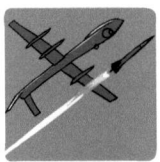

ymosodiad

يهجم

perygl

دونجي

allanfa argyfwng

مخرج الطوارئ

Tân!

النار شاعلة

diffoddwr tân

لكستانتور

damwain

اكسيدون

pecyn cymorth cyntaf

فيزة تاع الاسعاف الاولي

SOS

سلكونا

heddlu

لابوليس

Ewrop

أوروبا

Gogledd America

أمريكا الشمالية

De America

أمريكا الجنوبية

Affrica

أفريقيا

Asia

آسيا

Awstralia

أستراليا

Iwerydd

المحيط الأطلسي

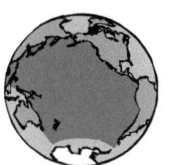

y Môr Tawel

المحيط الهادي

Cefnfor yr India

المحيط الهندي

Cefnfor yr Antarctig

المحيط المتجمد الجنوبي

Cefnfor yr Arctig

المحيط المتجمد الشمالي

Pegwn y Gogledd

القطب الشمالي

Pegwn y De

القطب الجنوبي

Antarctica

منطقة القطب الجنوبي

y Ddaear

أرض

tir

بلاد

môr

بحر

ynys

جزيرة

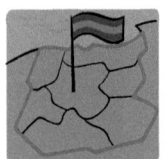

cenedl

امة

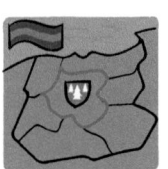

gwladwriaeth

دولة

wyneb cloc

ميناء الساعة

bys awr

عقرب الساعات

bys munud

عقرب الدقائق

bys eiliad

عقرب الثواني

Faint o'r gloch yw hi?

شعال راها الساعة؟

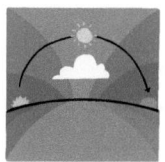

dydd

يوم

amser

زمن

yn awr

دروك

cloc digidol

ساعة رقمية

munud

دقيقة

awr

ساعة

wythnos

سيمانة

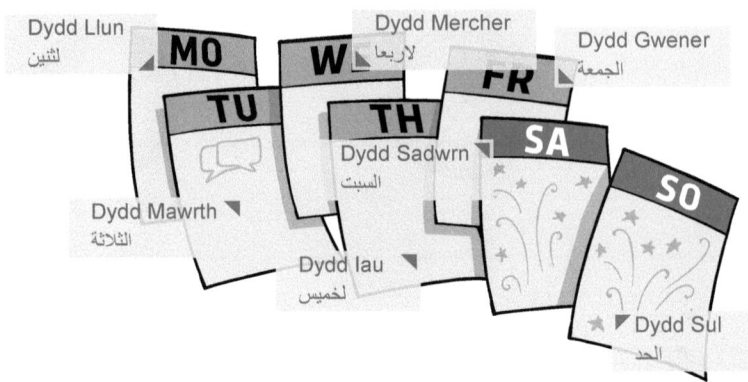

Dydd Llun
لثنين

Dydd Mercher
لأربعا

Dydd Gwener
الجمعة

Dydd Mawrth
الثلاثة

Dydd Sadwrn
السبت

Dydd Iau
لخميس

Dydd Sul
الحد

ddoe
....
لبارح

heddiw
....
اليوم

yfory
....
غدوا

bore
....
صباح

canol dydd
....
القايلة

noswaith
....
العشية

MO	TU	WE	TH	FR	SA	SU
1	2	3	4	5	6	7
8	9	10	11	12	13	14
15	16	17	18	19	20	21
22	23	24	25	26	27	28
29	30	31	1	2	3	4

diwrnodiau busnes
....
يامات الخدمة

MO	TU	WE	TH	FR	SA	SU
1	2	3	4	5	6	7
8	9	10	11	12	13	14
15	16	17	18	19	20	21
22	23	24	25	26	27	28
29	30	31	1	2	3	4

penwythnos
....
ويكاند

blwyddyn

العام

glaw
النو
enfys
قوس قزح
gwynt
الريح
eira
ثلج
gwanwyn
الربيع
haf
الصيف
hydref
الخريف
gaeaf
الشتا

4.APRIL 11°
5.APRIL 4°
6.APRIL 13°
7.APRIL 8°
8.APRIL 10°

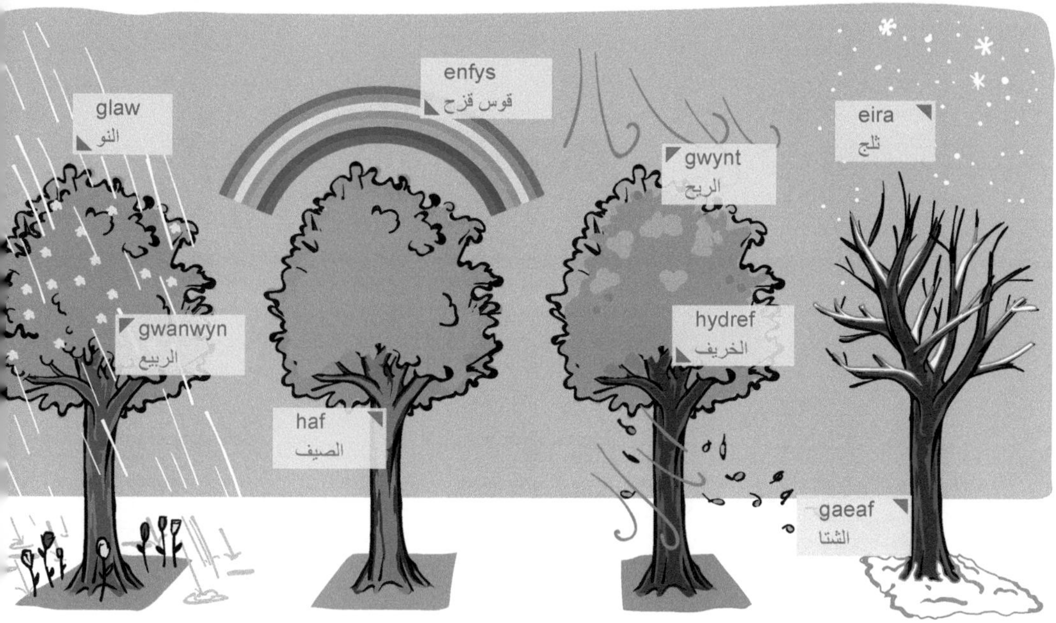

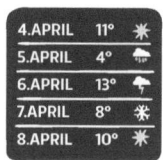

rhagolygon y tywydd

يتنبأ بالحال

F C
120 40
90 30
60 20
30 10
0 0
-30 -10
-20

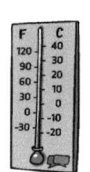

thermomedr

مقياس حرارة

heulwen

ضوء الشمس

cwmwl

سحابة

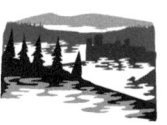

niwl tew

ضباب

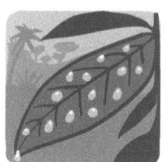

lleithder

ميديتي

mellt

برق

taranau

رعد

storm

عاصفة

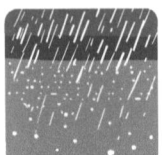

cenllysg

بَرَد

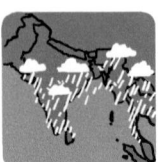

monsŵn

ريح

llif

طوفان

iâ

جليد

Ionawr

جانفي

Chwefror

فيفري

Mawrth

مارس

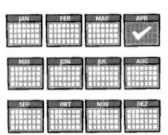

Ebrill

افريل

Mai

ماي

Mehefin

جوان

Gorffennaf

جويلية

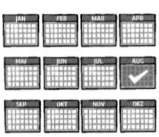

Awst

اوت

Medi

سبتمبر

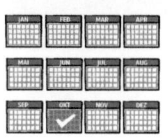

Hydref

اكتوبر

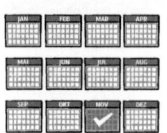

Tachwedd

نوفمبر

Rhagfyr

ديسمبر

siapiau

فورما

cylch

دويرة

sgwâr

مربع

petryal

مستطيل

triongl

مثلث

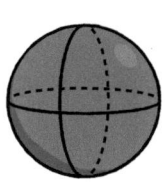

sffêr

كويرة

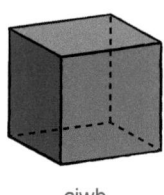

ciwb

مكعب

gwyn

بيض

melyn

صفر

oren

تشيني

pinc

روز

coch

حمر

porffor

حلحالي

glas

زرق

gwyrdd

خظر

brown

قهوي

llwyd

قري

du

كحل

llawer / ychydig

بزاف / شوية

dig / tawel

زعفان / مكالمي

hardd / hyll

شباب / مشي شباب

dechrau / diwedd

البدية / التالي

mawr / bach

كبير / صغير

llachar / tywyll

فاتح / فونسي

brawd / chwaer

خو / خت

glân / budr

نقي / موسخ

gyflawn / anghyflawn

كامل / ناقص

dydd / nos

نهار / اليل

farw / yn fyw

ميت / حي

eang / cul

عريض / ضيق

bwytadwy / anfwytadwy

يقدو ياكلوه / ميقدروش ياكلوه

drwg / caredig

شرير / ناس ملاح

llawn cyffro / diflasu

يثير / يمل

tew / tenau

سمين / رقيق

cyntaf / olaf

اللولا / التالية

cyfaill / gelyn

الصاحب / لعدو

llawn / gwag

معمر / فارغ

caled / meddal

قاصح / سوبل

trwm / ysgafn

ثقيل / خفيف

wedi newynnu / yn sychedig

جوع / عطش

yn sâl / yn iach

مريض / صحيح

anghyfreithlon / cyfreithiol

غير شرعي / شرعي

deallus / twp

ذكي / مببوقل

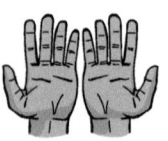

chwith / dde

يسار / يمين

agos / pell

قريب / بعيد

newydd / wedi'i ddefnyddio

جديد / مستعمل

dim / rhywbeth

مكانش / شوية

hen / ifanc

شيباني / شاب

ymlaen / i ffwrdd

يشعل / يطفئ

ar agor / ar gau

محلول / مبلع

tawel / uchel

بشوية / بلفور

cyfoethog / tlawd

مرفح / زوالي

cywir / anghywir

نيشان / خاطيء

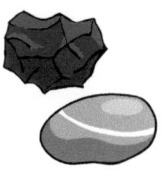

garw / llyfn

حرش / رطب

trist / hapus

زعفان / فرحان

byr / hir

قصير / طويل

araf / cyflym

بشوية / بلخف

gwlyb / sych

مشمخ / ناشف

cynnes / claear

حامي / بارد

rhyfel / heddwch

القيرة / لامان

0

sero

صفر

1

un

واجد

2

dau

زوج

3

tri

ثلاثة

4

pedwar

ربعة

5

pump

خمسة

6

chwech

ستة

7

saith

سبعة

8

wyth

ثمانية

9

naw

تسعة

10

deg

عشرة

11

un deg un

حداعش

12

un deg dau

ثناعش

13

un deg tri

تلطاعش

14

un deg pedwar

رباطاعش

15

un deg pump

خمسطاعش

16

un deg chwech

سطاعش

17

un deg saith

سبعطتعش

18

un deg wyth

ثمنطاعش

19

un deg naw

تساعطاش

20

dau ddeg

عشرون

100

cant

مية

1.000

mil

ألف

1.000.000

miliwn

مليون

Saesneg

انقلي

Saesneg America

انغلي تاع مريكان

Tsieinëeg Mandarin

لغة الشنوية

Hindi

الهندية

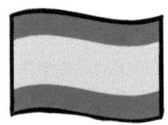

Sbaeneg

سبنيولية

Ffrangeg

الفرونسي

Arabeg

العربية

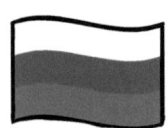

Rwseg

الروسية

Portiwgaleg

البوتغالية

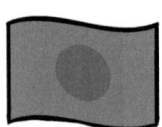

Bengali

البنغالية

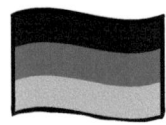

Almaeneg

لالمنية

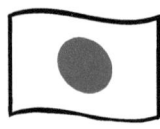

Siapanaeg

الجابونية

fi

انا

ti

نتا

ef / hi

هو

ni

حنايا

chi

نتوما

nhw

هوما

pwy?

شكون

beth?

واش

sut?

كيفاش

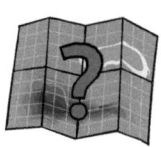

ble?

وين

pryd?

وقتاش

enw

الاسم

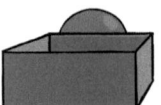

y tu ôl i

مرول

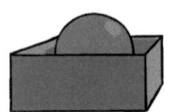

yn / yng / ym / mewn

في

o flaen

قدام

dros

فوق

ar

على

dan

تحت

wrth ochr

حدا

rhwng

بين

lle

بلاصة